# LES RESSORTS AMOUREUX D'ARLEQUIN,

## FARCE COMIQUE, EN DEUX ACTES.

*Représentée sur le Théâtre des Boulevards de Paris, pour la première fois le 22 Octobre 1768, par les Comédiens des Menus Plaisirs du Roi ;*

*Via nullâ est invia amori.*
Il n'y a point de chemin impraticable pour l'amour.
*Aux Emblêmes des Amours.*

A PARIS,
Chez DES VENTES DE LADOUÉ, Libraire, rue Saint Jacques, vis-à-vis le Collége de Louis-le-Grand.

M. DCC. LXIX.
*AVEC PERMISSION.*

# PRÉFACE.

ENCORE une Pièce à tiroir. Oui, Meſſieurs les Critiques : je le ſais comme vous. Liſez l'*Étourdi*, de Molière, & taiſez-vous. Si la plûpart de nos Drames peuvent pécher impunément contre l'unité du lieu, pourquoi n'aurois-je pas la liberté d'aller contre l'unité d'action ? Au reſte, Meſſieurs, j'ai trois autres Pièces à vous préſenter : les trois unités y ſont ſcrupuleuſement gardées.

# *PERSONNAGES.*

| | |
|---|---|
| Mad. DUPUIS, veuve. | *Mad. Paul.* |
| HORTENSE, sa fille unique. | *Mlle Lafrance, âgée de 15 ans, première Figurante & seconde Danseuse.* |
| M. CRISAOR, Financier. | *Amans d'Hortense.* |
| M. DELORME, Officier. | *Amans d'Hortense.* |
| M. DUMONT, Homme de Robe. | *M. Paul.* |
| ARLEQUIN, Valet de M. DUMONT. | *M. Salé.* |
| UN MÉDECIN. | |

*La Scène est à Paris, dans les Appartemens de Madame* Dupuis.

# LES RESSORTS *AMOUREUX* D'ARLEQUIN.

## ACTE PREMIER.

(*Le Théâtre représente les Appartemens de* Madame Dupuis. *On y voit une Table, un Encrier, du Papier, un Fauteuil pour le Médecin, & une Bergère pour Hortense.*)

### *SCÈNE PREMIÈRE.*

Madame DUPUIS, HORTENSE.

Madame DUPUIS.

JE vous ai proprosé deux partis sortables; Y avez-vous réfléchi?

A

HORTENSE.

Oui, Maman, & plus j'y penſe, moins ils me conviennent.

Mad. DUPUIS.

Quoi! vous refuſeriez Criſaor? Eh! mais, c'eſt un Créſus. Vous mépriſeriez Delorme? Il eſt pourtant d'une naiſſance à illuſtrer la vôtre.

HORTENSE.

Oh! je ne meſure pas mes affections ſur l'opulence ni ſur les parchemins de mon Amant. C'eſt le cœur qui me conduit, & ce cœur ne me parle que pour Dumont.

Mad. DUPUIS.

Fi donc. Cet homme eſt Roturier.

HORTENSE.

Depuis quand la vertu & l'honnêteté ſont-elles obligées de faire preuve de nobleſſe? Le bonheur dépend-t-il des titres & des richeſſes?

Sur l'air : *Non, je ne ferai pas.*

Quiconque veut la paix après ſon mariage,
Doit préférer les mœurs à tout autre avantage.
Les tréſors les plus grands, les titres les plus beaux,
Ne peuvent enfanter ni bonheur, ni repos.

Mad. DUPUIS.

Me forcerez-vous, pour vous faire parler & penser plus raisonnablement, d'user des droits d'une mère sur sa fille ?

HORTENSE.

Je connois l'étendue de vos droits ; mais je sais aussi quelles en sont les limites. On doit souffrir jusqu'aux injustices d'une Mère : mais mon cœur est à moi. Quelqu'avantage que vous m'offriez, je ne l'accepterai qu'autant que ce cœur n'aura point à murmurer. Le sentiment s'inspire, & ne se commande pas. Rien ne me contraindra d'accepter l'un ou l'autre parti que vous m'offrez.

Mad. DUPUIS.

Sur l'air : *Lorsque la funeste nouvelle.*

Comment, petite audacieuse,
Vous refuserez l'un des deux !
Cet entêtement est affreux :
Il va me rendre furieuse.
De sens froid, peut-on y tenir ?
Vraiment, je saurai vous punir.

## SCÈNE II.

HORTENSE *seule.*

Sur l'air : *Il faut aimer, c'est la loi de Cythère.*

TOI, qui nourris les Amans d'espérance,
M'envieras-tu jusqu'à cet aliment ?
Te plais-tu donc à troubler l'innocence ?
Les noirs soucis sont-ils ton élément ?
Couronne, Amour, les feux de ma constance,
Et sois, pour moi, le Dieu du sentiment.

## SCÈNE III.

DUMONT, HORTENSE.

DUMONT.

VOUS voilà en négligé, ma tendre Amie. Quoi ! le ciel le plus serein ne sauroit vous arracher à votre boudoir ?

HORTENSE.

Hélas ! mon ame est affaissée sous le poids de ses maux. Oui, je défierois le sort d'y ajouter.

DUMONT.

Sur l'air : *Dans un bois ſolitaire & ſombre.*

Le beau temps ſuccède aux nuages :
Ceſſez de vous plaindre du ſort ;
Il n'eſt rien tel que les orages,
Ils mènent les Amans au port.

HORTENSE.

Il eſt naturel de croire ce que l'on ſouhaite. Je le ſouhaiterois comme vous. Ah ! que nous ſommes éloignés du compte ! Ma Mère ne me donne que vingt-quatre heures pour opter entre vos deux Rivaux. Votre meilleur parti, me diſoit-elle, eſt d'obéir ſans réplique, à moins que vous ne vouliez qu'on vous ſoupçonne de quelque inclication bizarre. Moi, j'épouſerois ou un fat ou un ſexagénaire !

DUMONT.

Sur l'air : *D'Epicure.*

Pour immoler telles victimes,
De quoi peut-on s'autoriſer ?
N'eſt-ce pas le plus grand des crimes,
Que vouloir vous tyranniſer ?
Les nœuds d'une égale tendreſſe
Dépendent-ils de nos parens ?
Vil intérêt, vaine nobleſſe,
Fais-tu le bonheur de nos ans ?

HORTENSE.

Sur l'air : *De m'engager, il n'eſt que trop facile.*

Pour me ſouſtraire à cette violence,
Le croirez-vous ? Mon cher Amant, hélas !
La trop ſenſible & malheureuſe Hortenſe,
Suppoſe & feint des maux qu'elle n'a pas.

DUMONT.

Oui; mais vos deux Importuns vous aiment. La raiſon en eſt ſimple : vous êtes aimable. Par conſéquent, peu de diſpoſitions de leur part de renoncer à un objet qui leur plaît également. Si pourtant vous voulez vous en rapporter à moi, je me charge de les faire éconduire honnêtement.

HORTENSE.

Que faudra-t-il faire pour cela ?

DUMONT.

M'aimer & m'épouſer.

HORTENSE.

Vous aimer ! pouvez-vous en douter ? Croyez que je vous aime, puiſque je reſpire. Vous épouſer ! Oh ! ſi mes deſirs ſuffiſoient pour avancer ce moment, il ne tarderoit pas ; mais ma Mère a une répugnance invincible pour les gens de votre état. Leur nom ſeul eſt pour elle une Epigramme. Comment obtiendrons-nous ſon conſentement ?

DUMONT.

Elle eſt donc bien enyvrée de ſa Nobleſſe? Eh bien! j'ai acheté les Aveux & Dénombremens, les vieilles Pandectes, & la Généalogie d'un Gentilhomme ruiné. Qui m'empêcheroit de me dire, comme bien d'autres, Noble d'extraction : mais non, je hais la ſupercherie : Madame Dupuis m'eſtime, parce que je lui parois raiſonnable. Si une fois je parviens à vous débarraſſer de mes Rivaux, il ne ſera peut-être pas ſi difficile d'avoir ſon agrément.

HORTENSE.

Auriez-vous un moyen pour les écarter?

DUMONT.

Si j'en trouve un, me promettez-vous....?

HORTENSE.

Oui : j'en jure ſur votre cœur; & ce cœur eſt un Livre ſacré pour moi, où je dépoſerai toutes les vérités de mon ame.

DUMONT, *en lui baiſant la main.*

Pour le coup, notre union eſt arrêtée & fixée dans les Décrets Céleſtes. En voici le ſceau & le gage.

HORTENSE.

Quel eſt donc cet expédient?

DUMONT.

J'y ſongerai, ou plutôt l'Amour, qui a dicté votre promeſſe, y ſongera pour moi.

HORTENSE.

Vous ne laiſſez pas que d'être fort avancé. Il y a bien de quoi vous réjouir. J'aime à vous féliciter ſur la réuſſite d'un ſtratagème que vous n'avez pas encore imaginé.

DUMONT.

Chacun à ſa méthode. La vôtre eſt de faire des réflexions ſur les choſes avant de les entreprendre; la mienne eſt de m'en réjouir d'avance : ſi elles manquent, j'ai toujours eu le plaiſir de reſte.

HORTENSE.

Sur l'air : *Non je ne ferai pas.*

Quoi ! ſur un ton badin, & contre mon attente,
Vous paroiſſez traiter cette affaire importante?
C'eſt pourtant ſérieux : on ne veut pas ſurſeoir.
Le Financier voudroit paſſer contrat ce ſoir.

DUMONT.

Ho! les vieux ſont plus tenaces que les autres. Leur folie, c'eſt d'aimer les jeunes perſonnes, & de croire qu'ils en peuvent être aimés. Quelque belle que ſoit la paſſion de ce vieil Aſmatique, il n'en n'en aura pas moins son congé. Je vais le minuter avec Arlequin. Il entend le manége : il n'est jamais resté court dans une intrigue amoureuse.

## SCÈNE IV.

CRISAOR, HORTENSE.

CRISAOR, *après avoir toussé, craché.*

Il m'est donc encore permis d'inventorier vos belles qualités. Que dis-je : pourroit-on les nombrer ?

HORTENSE.

J'aurois été bien étonnée, si vous m'aviez tenu un langage différent. Ne vous croiriez-vous pas coupable d'une impolitesse, si, vous trouvant seul avec moi, vous n'aviez parlé tendresse ? C'est une faute que ne commet point un Cavalier galant, comme vous l'êtes.

CRISAOR.

Ah! mignature adorable, délices de tous les yeux, volupté de mes jours, ne vous plaisez pas à faire la multiplication de mes maux. Je vous assure, comme cinq & cinq font dix, que je vous aime plus que tous les zéros du monde.

HORTENSE.

C'eſt-là une petite façon de me railler dont je ne m'accommode guères. J'aime que l'on ſoit vrai. Pourquoi me dire des douceurs que je ſais ne mériter nullement ?

CRISAOR.

L'éloge, chez moi, n'eſt jamais que l'effet du calcul. J'ai ſupputé vos charmes : ils valent beaucoup. Le nombre en eſt infini. N'en faites pas de ſouſtraction. Je veux acheter une Action ſur vos yeux. Quels yeux ! Ils pourroient troubler toute la Compagnie des Indes.

HORTENSE.

Sur l'air : *Du Régiment de Magalote.*

Comment croirai-je vos ſermens ?
A peine avez-vous eu le temps
De voir, de fixer ma figure,
Qu'auſſitôt votre cœur me jure
L'amour le plus vif, le plus fort ?
En vérité, c'eſt bien à tort,
Je ne ſuis pas ſi ſotte.
Et pan, pan, pan ;
C'eſt le Régiment
De Magalote.

Peut-on ſi vîte s'enflammer ?
Il faut connoître avant d'aimer.

Se fier à votre parole,
Ce feroit le trait d'une folle.
A quatorze ans : quoi ! tout de bon,
Suis-je faite pour un barbon ?
La plaifante marotte.
Et pan, pan, pan ;
C'eft le Régiment
De Magalote.

CRISAOR.

Je me rappelle un Couplet qui va vous rendre la monnoie de votre pièce.

Sur l'air : *Le Démon malicieux & fin.*

Mon cœur eft-il à vous d'aujourd'hui ?
Vous avez des droits anciens fur lui.
Je vous vis, & je devins fenfible.
Pour embrafer le plus fincère Amant,
A l'Amour tout n'eft-il pas poffible ?
Il ne lui faut pour çà qu'un feul moment.

HORTENSE.

Sur l'air : *Des folies d'Efpagne.* Ou bien fur l'air : *Tel qu'un voleur qui voit venir.*

Peut-on aimer qui n'eft pas fufceptible
Des fentimens du plus parfait retour ?
L'infenfé feul peut pour une infenfible,
Brûler l'Encens fur l'autel de l'Amour.

CRISAOR.

Votre indifférence actuelle ne m'effraye pas : vous ne feriez pas la première dont j'euffe attendri le cœur progreſſivement. Cela ſe prouveroit par la Règle de Trois. On ſait en quelle proportion Arithmétique je ſuis avec les Femmes : il leur ſiéroit bien de faire des Diviſions & des Fractions avec moi : ce ſeroit d'un rare à les faire perſiffler. Au reſte, Mignone, je veux bien vous donner le temps de compter les avantages qui vous reviendront d'une alliance comme la mienne. Je vous reverrai pour la ſolution de ce Problème. Je craindrois de vous importuner, ſi je pouſſois plus loin la converſation. Vous avez mal à la tête : l'on ſait qu'un mal de tête, pour une jolie Femme, eſt une manière civile de congédier le monde.

---

## *SCÈNE V.*

HORTENSE, DUMONT, ARLEQUIN.

DUMONT, *voyant ſortir Criſaor.*

A QUOI penſe Madame votre Mère ? Veut-elle loger l'Amour avec les Rhumes & la Goutte, & mettre enſemble toutes les Maladies de la vieilleſſe & de la jeuneſſe ? Criſaor n'eſt bon qu'à vuider les Boutiques des Apothicaires, & à tarir nos Sources d'Eaux Minérales.

HORTENSE.

Ah ! miſéricorde ! Quand me délivrera-t-on de ce vieil Importun ?

ARLEQUIN.

Tranquillisez-vous. C'est mon affaire. Tout ira bien. Vous verrez beau jeu. Oh ! oui. Ç'à part de mon escarcelle. Le plus joli tour du monde.

HORTENSE.

Mais encore, quel est-il ?

ARLEQUIN.

Diantre ! Ne faut-il pas vous le dire ? Voilà les Femmes : elles sont toujours curieuses. Sachez que le secret est l'ame des grandes affaires.

DUMONT.

Va : les Femmes ne gardent pas toujours le secret des autres ; mais elles gardent toujours bien le leur. Pour s'assurer de leur discrétion, il n'y a qu'à intéresser leur vanité ou leur cœur. Hortense a le sien intéressé en cette partie : ne crains rien de sa part.

ARLEQUIN.

Ne me gronderez-vous plus ? Vous souvient-il de m'avoir réduit au Syrop de Grenouille à propos de Bottes ?

DUMONT.

Oüi, à propos de ce que tu as vendu mes Bottes pour boire.

ARLEQUIN.

Palſambleu, un honnête homme n'a que ſa parole : tôt ou tard il doit la dégager. Etant à l'Armée, au moment d'une bataille, je me ſuis engagé à manger vos Bottes, ſi on la perdoit. Elle a, ma foi, été perdue : il s'agiſſoit de manger les Bottes. Crainte d'indigeſtion, je les ai rendu potables : qui fait la folie, la boit.

HORTENSE.

Avec tes Epiſodes, nous allons inſenſiblement perdre de vue le principal objet. Ne nous laiſſe donc plus en ſuſpens : voyons ton ſecret pour renvoyer nos deux Fâcheux. Et d'abord, comment t'y prendras-tu pour éliminer mon Sexagénaire ?

ARLEQUIN.

Si je vous le dis, je vous déplairai peut-être ?

HORTENSE.

Tu nous déplairois bien plus, en ne nous le diſant pas.

ARLEQUIN.

Vous voulez donc abſolument le ſavoir ?

DUMONT.

Dis donc, Marouffle : . . . où je te fais une remontrance manuelle ?

ARLEQUIN.

Vous l'exigez de trop bonne grâce, pour qu'on vous refuse. Le voici : Crisaor a besoin d'un Cuisinier, je me présenterai pour remplir cet office.

DUMONT.

Tu seras à bien mauvaise Auberge. Cette Sentence, *Ne quid nimis*, est écrite sur la porte de sa Cuisine : c'est pour faire voir qu'on ne doit mettre rien de trop aux Repas qu'on y apprête. Il cite l'Histoire de Cyrus, qui fut trouvé faisant cuire des Raves à son feu, pour son dîné.

ARLEQUIN.

Vous m'avez coupé la parole : écoutez-moi jusqu'au bout. Avant de m'offrir à lui, on me mettra le bras en Echarpe; on m'appliquera un large Emplâtre sur l'œil. Il ne manquera pas de me demander qui m'a ainsi équipé? C'est, lui dirai-je, la Maîtresse que je quitte. Qu'avois-tu fait pour mériter ce châtiment? Rien du tout. Hélas! la pauvre Demoiselle est à plaindre : il lui prend des accès de Frénésie qui la rendent forcenée. Il voudra savoir son nom : c'est Hortense, répondrai-je, comme sans y entendre malice. Le bon Homme en sera épouvanté : il renoncera au Mariage.

DUMONT.

La merveilleuſe idée! le beau plan! je ſuis jaloux de l'invention. Je donnerois volontiers les plus grands traits de ma vie pour un effort d'eſprit ſi heureux. Oui, je vois toute la richeſſe de ce deſſein. L'exécution ne doit pas inquiéter. On ne peut qu'applaudir à la fécondité de cette imagination.

ARLEQUIN.

Oui dà : je ſuis fécond & ſalpêtre dans mes opérations. Vîte, vîte, l'Echarpe, l'Emplâtre. Oh! j'en ris d'avance. Retirez-vous. J'entends touſſer notre Homme : il va cracher le reſte des ſes Poumons.

---

## *SCÈNE VI.*

CRISAOR, ARLEQUIN.

ARLEQUIN.

QUELQU'UN m'a dit, Monſieur, que vous deviez venir ici : je vous attendois.

CRISAOR.

A quel deſſein ?

ARLEQUIN.

Pour vous demander la place qui vaque chez vous.

CRISAOR.

CRISAOR.

J'ai beſoin d'un Cuiſinier.

ARLEQUIN.

Bon : je ſuis votre fait. J'ai lû le Cuiſinier François. Je dois faire imprimer inceſſamment un Dictionnaire de Friandiſes & de Ragoûts.

CRISAOR.

Encore un Dictionnaire ! Vive Barême ! Périſſe cette foule innombrable de Dictionnaires en toutes Langues, Sciences & Arts !

ARLEQUIN.

Si ce titre vous choque, je puis le changer. Oh ! oh ! Eh bien ! je l'intitulerai : *Encyclopédie des Ragoûts* ; comme on trouve : *Encyclopédie des Perruques*.

CRISAOR.

Mais, dis moi, mon Ami, un Encyclopédiſte, un bon Cuiſinier, n'a pas trop de ſes bras & de ſes yeux. Tu es Borgne & Manchot : à quel métier ?

ARLEQUIN.

De grâce, Monſieur, diſpenſez-moi de vous le dire.

CRISAOR.

Si je ſuis dans le cas de te donner ma confiance ; je veux avoir la tienne.

ARLEQUIN.

Hélas! c'eſt la Maîtreſſe que je quitte qui m'a mis en cet état : le tout bien involontairement de ſa part. Heureuſement ç'à ne lui prend que deux ou trois fois par mois. La pauvre Fille a de ſi fortes attaques de Frénéſie, qu'elle caſſe bras & jambes à tous ceux qu'elle rencontre ſous ſa main.

CRISAOR.

Diable! c'eſt-là une cruelle maladie!

ARLEQUIN.

Dernièrement, elle s'en prit à un de ſes Oncles: elle le fit ſi beau garçon, qu'il avoit les yeux pochés, & le reſte du viſage comme du Taffetas de la Chine, rouge, bleu & jaune. J'étois bien plus maléficié il y a quelque temps, & je ſerois encore plus maltraité cette fois-ci : mais je m'enfuis auſſi promptement que ſi tous les Lévriers de la Juſtice euſſent été à ma queue.

CRISAOR.

Et comment appelles-tu cette Dulcinée?

ARLEQUIN.

C'eſt la Fille de cette Maiſon, dite *Hortenſe*.

CRISAOR.

Hortenſe ! Cette Hortenſe, qui paroît ſi douce, ſi ſociable !

ARLEQUIN.

Elle-même.

CRISAOR.

Tu me donnes-là un avis important : par reconnoiſſance, je te prends à mon ſervice. Je vais écrire deux mots à Madame Dupuis : tu lui remettras la Lettre.

(*Il écrit, & s'en va.*)

---

## *SCÈNE VII.*

Madame DUPUIS, HORTENSE, ARLEQUIN.

ARLEQUIN.

OH ! le pauvre homme ! La tête lui tourne.

Mad. DUPUIS.

De qui parles-tu ?

ARLEQUIN.

De Criſaor : il a bonne grâce de vous décrier.

Mad. DUPUIS.

Me décrier, moi.

ARLEQUIN.

Vous-même : il m'en a dit pis que pendre. Vous avez, dit-il, contracté une humeur jappante, un air hargneux avec vos Chiens. Votre Maison est une Ménagerie. L'on n'y entend que siffler, babiller, hurler : l'on n'y attrape que des coups de bec & de griffes. Madame Dupuis, ajouta-t-il, est une Femme à giboulets, qui pleut, qui grêle, qui éclaire, & tonne tout à la fois.

Mad. DUPUIS.

O l'impudent personnage ! ô la maussade figure !

ARLEQUIN.

Il dit plus : mais cette Lettre vous le dira mieux que moi.

Mad. DUPUIS *lit la Lettre.*

« Ne songez plus à moi pour faire le bonheur » d'Hortense. La présente vous servira de Quit- » tance finale & absolue pour les prétentions que » j'avois sur elle. Oubliez Crisaor. »

*Elle poursuit.* Sur l'air : *Du Confiteor.*

Est-il semblable trahison ?
Le fat, m'écrire de la sorte
Sans en expliquer la raison !
Oui, la colère me transporte.
C'est me manquer grossièrement :
Vengeons-nous de ce traitement.

HORTENSE.

Le mépris le plus profond eſt le ſeul ſentiment que nous lui devons.

Mad. DUPUIS.

Oubliez-le, ma Fille.

HORTENSE.

Il étoit trop loin de mon cœur, pour reſter long-temps préſent à ma mémoire.

Mad. DUPUIS.

Delorme vous dédommagera de cette perte : il mérite vos attentions. Suivez-moi : j'ai là-deſſus bien des choſes à vous dire.

ARLEQUIN.

Et moi, je vais penſer aux moyens de l'éloigner auſſi.

# ACTE SECOND.

## SCÈNE PREMIÈRE.

HORTENSE, DUMONT, ARLEQUIN.

DUMONT.

Hé bien ! Nous en avons encore un à expédier.

ARLEQUIN.

C'eſt la plus petite choſe du monde : le ſuccès eſt immanquable.

HORTENSE.

Comment ! Tu es ſûr de ton fait ? Ne nous laiſſe pas languir.

ARLEQUIN.

A raiſon de votre maladie prétendue, vous manderez le Médecin Etranger qui eſt nouvellement arrivé à Paris : il n'eſt pas connu en cette Maiſon. Je prendrai ſa qualité. J'arriverai en même temps que notre Pantin ambulant. Je rendrai une Ordonnance de ma façon . . . . Il eſt pétulant, ſémillant, tourbillonnant : il m'inſultera. C'eſt-là où je l'attends. Je riposterai par un Cartel. Je me ferai tuer : il ſera obligé de s'enfuir, pour éviter les pourſuites de la Juſtice. Vous n'aurez plus d'obſtacles à votre Mariage.

DUMONT.

Corbleu! Tu prends-là un biais violent : je n'y ſouſcrirai jamais. C'eſt acheter trop cher la fuite de cet Elégant.

ARLEQUIN.

Que vous êtes vif! Entendons-nous donc ?

HORTENSE.

Ne nous as-tu pas dit que tu te ferois tuer ?

ARLEQUIN.

Je m'explique : c'eſt-à-dire, que je ferai ſemblant d'être tué.

DUMONT.

Et s'il te tuoit tout de bon ?

ARLEQUIN.

J'y mettrai bon ordre. Rapportez-vous-en à moi : ne craignez rien. Sortons tous deux. Je l'entends venir : il s'annonce de cent pas au bruit que font les Breloques de ſes Montres, & tous les Colifichets dont il les a garnies, pour se fournir une ressource dans les conversations.

HORTENSE.

Et moi, je le sens venir : il me suffit de respirer le même air que lui, pour m'appercevoir de sa présence. C'est un Encensoir qui embaume ceux qu'il approche, & ne fait que de la fumée.

## *SCÈNE II.*

DELORME, HORTENSE.

DELORME.

Les devoirs fatigans de la bienséance m'ont enlevé pour quelques instans. J'ai visité au Marais six Présidentes, quatre Comtesses & deux Marquises, dont j'aurai demain sur ma Toilette autant de Billets doux. Je vous les sacrifie, & je reviens plus enchanté que jamais auprès de vous.

HORTENSE.

Je n'ai pas foi aux enchantemens.

DELORME.

Seriez-vous assez injuste pour croire que mes discours soient démentis par mes sentimens ? Le Ciel

Ciel m'en eſt témoin. Je donnerois le Monde entier pour être un moment à vos yeux auſſi aimable que vous l'êtes aux miens. J'ai plus d'amour qu'un cœur n'en peut contenir.

HORTENSE.

Les hommes feignent toujours plus d'amour qu'ils n'en reſſentent.

DELORME.

On n'en peut point feindre pour vous. Il ne reſte plus rien à aimer dès qu'on vous a vue.

HORTENSE.

Si vous ſavez bien aimer, vous ſavez encore mieux le dire, & vous le dites à toutes les perſonnes qui vous paroiſſent aimables. Vous ne vous attachez à aucune, & vous nous en donnez bien à garder.

DELORME.

Entre vous & moi, je ne valois pas grand-choſe autrefois : j'aimois à faire enrager une Mère, à déſeſpérer un Mari, à allarmer les meilleures unions.

HORTENSE.

L'emploi étoit important. Vous auriez dû écrire le Samedi tout ce que vous aviez fait durant la Semaine : le Journal auroit été curieux à lire.

## DELORME.

Nous ſommes encore quelques jeunes gens qui partageons ainſi tout Paris. Nous l'intéreſſons à nos moindres démarches.

Sur l'air : *Quand je tiens de ce jus d'Octobre.*

Nous courons de belles en belles :
Pour nous venger de leur dédain,
Si quelques-unes ſont cruelles,
Nous les abandonnons ſoudain.

## HORTENSE.

Sur l'air : *Du Prevôt des Marchands.*

Papillon léger, loin de nous,
Le bonheur n'eſt pas fait pour vous.
Si vous voulez, en aſſurance,
Goûter ſes charmes les plus doux,
Rendez hommage à la conſtance,
Et ſoyez de tendres Epoux.

## DELORME.

Sur l'air : *Du Précepteur d'Amour.*

Quiconque ne vous connoît pas,
Sera Papillon infidèle :
Mais dès qu'on a vu vos appas,
On eſt Colombe ou Tourterelle.

## SCÈNE III.

Madame DUPUIS, HORTENSE, DELORME, ARLEQUIN *en Médecin.*

Mad. DUPUIS.

MONSIEUR le Docteur a bien voulu se déplacer pour vous, ma Fille. Il se flatte de votre guérison : ayez confiance en lui.

ARLEQUIN *en Médecin.*

(*Il doit avoir une Canne à bec d'or de corbin, & un Diamant à son doigt, qu'il affectera de montrer.*)

Ouf. Je suis tout essoufflé. Un Fauteuil. Vos Escaliers sont assommans. Vous auriez dû m'avertir : je ne fais jamais de Visite au second Etage.

*En tâtant le pouls, il chante.* Sur l'air : *Trois Enfans gueux.*

Ce mouvement est bien irrégulier.
Quel pouls ! il bat d'une grande vîtesse :
Je gagerois cent sous contre un denier,
Que cela vient d'amour & de tendresse.

HORTENSE.

Oui, Monsieur le Docteur.

ARLEQUIN.

Il eſt dans le Sexe des déſirs : s'ils ne ſont ſatisfaits, ils donnent lieu à une iliade de maux. L'amour, l'ame du monde, eſt la ſource de pluſieurs phénomènes dans l'économie animale. Dès que ce ſentiment s'eſt fait entendre à un jeune cœur, les nerfs entrent dans des vibrations plus fréquentes ; le cours des eſprits animaux eſt plus rapide, tant que le penchant du cœur eſt nourri par l'eſpoir : mais ſi cette impulſion de la nature eſt combattue, ſi on croiſe les inclinations naturelles, alors les nerfs ſe criſpent, le mouvement des eſprits ſe dérègle, le ſang engorge, & tous ces dérangemens-là occaſionnent des oppreſſions. N'ai-je pas deviné, Mademoiſelle ?

HORTENSE.

Oui, Monſieur le Docteur.

ARLEQUIN.

Ce déſordre, cauſé par la réaction des déſirs étouffés, donne auſſi lieu aux inſomnies. Mademoiſelle doit en être travaillée.

HORTENSE.

Oui, Monſieur le Docteur.

ARLEQUIN.

Pour rappeller & provoquer ce ſommeil, vous prendrez les Racines Grecques, les Particules de la Langue Latine, & vous y ajouterez quelques Fleurs de la Rhétorique moderne. Ce Remède eſt infaillible. *Experto crede Roberto.*

Mad. DUPUIS.

Nous avons à lutter contre un plus terrible adverſaire que l'inſomnie. Ma Fille dit qu'elle n'a pas la reſpiration libre.

ARLEQUIN.

*Ergo*, la région du poumon eſt affectée.

DELORME.

(*Il a dû tirer deux Montres l'une après l'autre, deux Tabatières, un Miroir, une Boîte à Mouches, & un Eventail.*)

Sur l'air : *Les Filles de Nanterre, & celles du canton.*

C'eſt-là votre Logique :
Y penſez-vous Docteur ?
Hortenſe pulmonique !
Vous êtes dans l'erreur.
Et flon, flon, flon,
Larira dondaine ;
Gai, gai, gai,
Larira dondai.

ARLEQUIN.

Il faut avoir le cerveau en hypothèſe pour vouloir m'apprendre mon Art.

Mad. DUPUIS.

Point de diſpute, s'il vous plaît. Laiſſons parler la Faculté.

DELORME.

Eh! Madame, ne vous fiez pas à ce Docteur herminé : c'eſt un Empyrique, un Charlatan, un Marchand d'Orviétan, un Trivelin, à qui il ne manque qu'un Théâtre ſur deux Tréteaux, dans une Place publique.

ARLEQUIN.

Je ſerois auſſi peu raiſonnable que vous, ſi je m'amuſois à vous répondre. Un objet plus ſérieux m'agite & m'occupe.

DELORME.

Vos réflexions paroiſſent véritablement vous dérober hors de vous-même. Connoiſſez-vous aſſez la complaiſance pour vous réſoudre à nous les communiquer ?

ARLEQUIN.

Apprenez donc que j'ai les nerfs très-irritables, & conſéquemment ſuſceptibles de toutes ſortes d'impreſſions : d'où je ſuis ſurpris comment j'ai pu tenir aux inſultes que vous venez de me faire, & que je mérite ſi peu. Ce procédé n'eſt guères conforme à l'honnêteté. Si vous avez quelque ſujet de plainte, que ne vous expliquez-vous naturellement : il n'y a point de ſatisfaction que je ne ſois en état de vous donner.

DELORME.

Comment donc ? Je crois qu'il a de l'humeur. Savez-vous qu'il a l'air martial ? C'eſt un extrait de Turenne, un petit Céſar.

ARLEQUIN.

Vos plaiſanteries ſont miſérables. Faites attention que je ſuis honnête homme, offenſé, & que je vous en demanderai raiſon. Mon procédé eſt franc. Je n'aurai pas encore long-temps à me plaindre du vôtre.

## *SCÈNE IV.*

Madame DUPUIS, HORTENSE, DELORME.

Mad. DUPUIS.

Il ſort ſans laiſſer d'Ordonnance. Au reſte, les remèdes ne peuvent rien contre l'amour. Le plus puiſſant de tous, eſt de donner un Epoux à ma

Fille : le Mariage la guérira. Par lui tout rentrera dans l'ordre, & le vœu de la nature sera rempli.

DELORME.

Sur l'air : *L'amour, la nuit & le jour.*

O perle des bijoux !
O beauté débonnaire !
Parlez, décidez-vous :
Quand pourrai-je donc faire,
L'amour,
La nuit & le jour ?

HORTENSE.

Sur l'air : *Dans mon chagrin je me récorde, Mon pauvre mari Nicolas.*

A l'hameçon je ne puis mordre. (*Bis.*)
Se décider pour un hymen,
Cela demande un examen :
Différons jusqu'à nouvel ordre. (*Bis.*)

DELORME.

Sur l'air : *Vous le dirai-je, Maman ?*

Oui, les délais les plus courts
Offusqueroient les Amours ;
Et le lien le plus tendre,
S'il se faisoit trop attendre,
Tourmenteroit notre cœur :
Peste soit de la lenteur.

SCÈNE

## SCÈNE V.

Madame DUPUIS, HORTENSE, DELORME, ARLEQUIN *en Médecin.*

ARLEQUIN.

J'AUROIS, Monſieur, à vous communiquer des choſes qui demanderoient moins de témoins. Pardon, Madame, il y va de mon honneur & de votre intérêt. C'eſt une affaire capitale.

Mad. DUPUIS.

Nous vous laiſſons le champ libre.

## SCÈNE VI.

ARLEQUIN, DELORME.

ARLEQUIN.

SI votre valeur égale votre préſomption, je n'aurai pas à vaincre un foible ennemi ; mais aux riſques de ma vie, j'exige une réparation des atteintes que vous avez portées à ma réputation Doctorale.

DELORME.

Sur l'air : *Je ſuis Soldat, vive la guerre.* Ou bien : *Chantons des Frères Rogomiſtes.*

Un Doćteur contre un Militaire,
Oſe avoir du reſſentiment.
Mon brave, il faut vous ſatisfaire :
Convenons du lieu, du moment.

ARLEQUIN.

Ici, & à l'inſtant.

DELORME.

Sur l'air : *Non, je ne ferai pas.*

Quoi ! ſe battre en duel en Maiſon reſpectable !
D'accord : une rencontre eſt toujours graciable.

ARLEQUIN *pourſuit ſur le même air.*

Rencontre ou non, Monſieur : l'affront s'eſt fait ici,
La réparation doit s'y conclure auſſi.

DELORME.

Cela eſt juſte : l'honneur offenſé veut du ſang. Hé, mais vous vous préſentez au combat ſans Epée : vous avez compté ſans doute venir à une Conſultation ou une Thèſe de Médecine.

ARLEQUIN.

En tout cas, ce ſera pour vous mettre au ſac. *Ad metam non loqui.* J'ai trois Argumens à vous propoſer : le premier, c'eſt de nous battre à coups de canon.

DELORME.

Me prenez-vous pour un Baſtion?

ARLEQUIN.

Non; mais bien pour une Demi-Lune ou un Ouvrage à Cornes.

DELORME.

Briſons là-deſſus : paſſons au ſecond.

ARLEQUIN.

C'eſt d'entrer dans une Cuve, & de nous y carreſſer à coups de Poignards.

DELORME.

Le troiſième Argument ſera ſans doute moins meurtrier.

ARLEQUIN *préſentant deux Piſtolets.*

Le voici. Choiſiſſez. Ma Chaiſe de Poſte eſt toute prête à quatre pas d'ici. Le Vainqueur pourra s'en ſervir, ainſi que d'un Rouleau de cent Louis que j'y ait fait mettre. Le Postillon a mes ordres. Rien ne nous arrête : commençons.

DELORME.

Tirez le premier.

ARLEQUIN.

A vous l'honneur : il est dû à celui qui reçoit le défi.

DELORME.

L'ordre veut que l'offensé commence.

ARLEQUIN.

Eh bien ! soit : faisons-lui sauter le peu de cervelle qui lui reste.

*( Arlequin tire, & manque son coup : Delorme ajuste le sien, & Arlequin mord la poussière. )*

DELORME.

Voilà mon Fanfaron à tous les Diables, & moi dans l'embarras. On n'a pas plutôt tué un Homme, que l'on voudroit le voir en vie. Mais il n'est plus temps de faire des réflexions. Profitons de la Chaise : éloignons-nous le plutôt possible, jusqu'à ce qu'on ait accommodé cette affaire. Mon cœur se déchire à la seule pensée du sacrifice que ce contre-temps exige de moi. Hortense ! Que vas-tu devenir ?

## SCÈNE VII.

ARLEQUIN *seul, en se relevant & se déshabillant.*

Je suis pourtant maître du champ de bataille. Nos affaires vont aller grand train : cette fuite déterminera Madame Dupuis à couronner les vœux de mon Maître.

## SCÈNE VIII.

DUMONT, ARLEQUIN.

DUMONT.

Oh ! ç'à. A quoi dois-je m'en tenir ? Puis-je espérer ?

ARLEQUIN.

Je viens de mourir pour vous. J'ai été tué : & si mon Adversaire a toujours couru depuis ma mort, il est déja bien loin.

DUMONT.

Bast ! Tu as été tué, & tu vis encore : tu ne parois pas même avoir reçu la plus légère égratignure.

ARLEQUIN.

Grâce à mes précautions : je n'avois mis que de la poudre dans les Piſtolets. Notre Officier a tiré ſon coup : je me ſuis laiſſé tomber : il m'a cru mort, & il s'eſt enfui.

---

## *SCÈNE IX ET DERNIÈRE.*

Madame DUPUIS, HORTENSE, DUMONT, ARLEQUIN.

DUMONT.

Vous arrivez fort à propos, Meſdames.

ARLEQUIN.

Oui : j'ai à vous révéler le ſecret le plus intéreſſant du monde. Monſieur Delorme eſt parti en poſte pour la Flandre.

Mad. DUPUIS.

Il étoit ici il y a une demi-heure.

ARLEQUIN.

Oh bien ! il y a une demi-heure qu'il n'y eſt plus. Il s'eſt battu en duel. Il a tué ſon Homme : il va attendre ſa grâce à Bruxelles.

Mad. DUPUIS.

Ah ! Ciel ! Que dites-vous là ? Quelle fatalité ! Ma Fille perd deux Amans en un ſeul jour.

DUMONT.

Sur l'air : *Ne v'là-t-il pas que j'aime ?*

Ne regrettez pas ces gens-là.
Leur perte eſt réparable :
Un troiſième triomphera,
S'il vous eſt agréable.

HORTENSE.

O ma Mère ! La ſatisfaction de l'eſprit eſt un grand remède pour les douleurs du corps : vous pouvez me guérir d'un ſeul mot.

DUMONT.

Eh ! Madame, ſi je n'ai rien fait qui me rende indigne de vous appartenir, ne vous refuſez pas à nos inſtances les plus vives.

Mad. DUPUIS.

Soyez donc unis, mes Enfans : aimez-vous ſans inquiétude ; conſacrez vos jours à l'amitié : poſſédez-vous ſans dégoût ; déſirez-vous pour jouir : faites des jaloux, ne le ſoyez jamais ; & ſoyez toujours vertueux, afin d'être toujours heureux.

HORTENSE.

O miracle de bonheur ! O joie inexprimable ! C'eſt ici le moment de l'amour : il rachète tous mes ſoupirs, eſſuie toutes mes larmes. O amour ! Ce ſont-là de tes coups ! Il n'appartient qu'à toi de combler nos maux ou notre félicité.

DUMONT.

Non, chère Amante, notre vie ne ſera jamais aſſez longue pour nous dire tout ce que nous ſentons l'un pour l'autre.

HORTENSE.

Sur l'air : *Je ne ſais pas écrire.*

L'Hymen par une aimable loi,
M'unit à vous, & vous à moi :
Mon ſort dépend du vôtre.
Le Ciel ſe rend à nos ſouhaits,
Nous ſerons heureux pour jamais,
Nos cœurs ſont l'un pour l'autre.

Mad. DUPUIS.

Sur l'air : *A ta ſanté mon cher Voiſin.*

Votre ſuffrage eſt tout mon prix.
Des yeux de l'indulgence,
Beau Sexe, juge des Ecrits.
Liſez, voyez Hortenſe.

ARLEQUIN.

## ARLEQUIN.

*Sur le même air.*

Si quelque belle, parmi vous,
Eſt dans le cas d'Hortenſe,
Elle peut s'adreſſer à nous
En toute confiance.

## DUMONT.

Nous ferons mouvoir nos reſſorts
Pour lui rendre ſervice :
Rien ne tient contre nos efforts,
Pourvu qu'on applaudiſſe.



*FIN.*

---

Lue & approuvée, pour être repréſentée ſur le Théâtre des Boulevards, & pour être imprimée. A Paris, le 28 Janvier 1768.

MARIN.

*Vu l'Approbation : Permis de repréſenter, ce 28 Janvier* 1768.

DE SARTINE.

www.ingramcontent.com/pod-product-compliance
Lightning Source LLC
LaVergne TN
LVHW012015160826
845678LV00002B/840
*9782329667287*